Willi wills wissen

?

Der Autor

Uwe Kauss schreibt als freier Journalist und Autor über Themen aus den Bereichen Wissen, Technik und Bildung. Der Germanist und Soziologe war u. a. Ressortleiter beim Computermagazin „Chip" und Chefredakteur des G+J Computer Channel. Heute arbeitet er für verschiedene Print- und Online-Medien sowie als Medienberater und Trainer. Uwe Kauss ist verheiratet und lebt in Offenbach am Main.

Bildquellennachweis:

Bettmann/CORBIS: S. 10ml, 10 mr · Ralf Braum: S. 21or, 26, 27o, 27u, 34, 35o, 35u, 38 · DLR: S. 2l, 3l, 4, 8m, 8u, 10ul, 12o, 13o, 14l, 22/23, 24ul, 24ur, 42, 44o, 46l, 47l · ESA: S. 18, 21ur, 29u, 32ol, 32u, 39 · ESA/D.Ducros: S. 19 · ESA/Medialab: S. 44u · ESA/S. Corvaja: S. 31u · ESA/Star City: S. 43or · ETH Life: S. 25u · Historical Picture Archiv/CORBIS: S. 11o · JAXA: S. 45 · NASA: S. 2r, 3r, 6, 9m, 13mr, 15o, 16l, 16r, 17o, 20u, 28o, 31o, 33u, 36o, 36u, 40, 41, 46r, 47r · NASA-MSFC: S. 13u · NASA/JPL/Cornell University/Maas Digital: S. 9o · NASA/ESA: S. 40 · picture-alliance/dpa: S. 13ml, 43m · ZB - Fotoreport: S. 22o

Fotos Willi Weitzel:
Massimo Fiorito: U1, S. 11, 16, 20, 21, 30, 37 · megaherz: S. 22u, 25o, U4
Umschlagfoto: NASA

Vielen Dank an Willi Weitzel für die freundliche Unterstützung

© 2006 Baumhaus Verlag, Frankfurt am Main
Konzept, Layout und Illustrationen: Götz Rohloff
Umschlaggestaltung: REVO-Studio, München
Lizenz durch TELEPOOL
© 2006 megaherz für den Bayerischen Rundfunk
Alle Rechte vorbehalten
ISBN 3-8339-2702-X

Gesamtverzeichnis schickt gern:
Baumhaus Verlag GmbH
Juliusstraße 12
60487 Frankfurt am Main

Uwe Kauss

Wie wird man Astronaut?

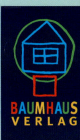

Hier siehst du Edwin Aldrin, der 1969 mit Neil Armstrong als einer der ersten Menschen den Mond betreten hat.

Astronaut – ein echter Traumberuf

Hast du nicht auch schon mal davon geträumt: Mit einer Rakete ins All reisen! In einem Raumanzug auf dem Mond spazieren! In einer Raumstation hunderte Kilometer über der Erde kreisen – ich wollte das schon. Ziemlich oft sogar. Deswegen muss ich unbedingt herausfinden, wie man Astronaut wird. Doch leider ist das gar nicht so einfach. Man muss dazu ausgewählt werden und eine ganze Menge wissen und können. Schließlich startet ja nicht jeden Tag eine Rakete ins Weltall. Seit Beginn der Raumfahrt Anfang 1960 konnten bisher gerade einmal knapp 400 Menschen ins All fliegen – nicht viel, oder? So viele Menschen passen ja gerade mal eben in ein Passagierflugzeug!

Seit Beginn der Raumfahrt in den 60er Jahren konnten bisher gerade einmal knapp 400 Menschen ins All fliegen – nicht viel, oder? In eine Boeing 747, auch Jumbojet genannt, passen genauso viele Passagiere rein.

Der Grund dafür ist ziemlich leicht zu erraten: Die ganze Raumfahrt kostet irre viel Geld. Bisher hat es schon viele Milliarden Euro gekostet, diese 400 Astronauten ins All zu bringen. Da könnten alle Kinder in Deutschland ihr Taschengeld zusammenlegen – es würde längst nicht reichen. Und wieso ist das so teuer? Eigentlich ist es ziemlich logisch: Schließlich braucht man riesengroße Raketen und spezielle Raumkapseln, die von den besten Wissenschaftlern und Ingenieuren auf der ganzen Welt entworfen, gebaut und getestet werden. Alles muss ja ganz exakt und genau funktionieren. Deshalb dauert das oft mehrere Jahre. Viele Ideen und Erfindungsgeist sind nötig, speziell entwickeltes Material und modernste Technik, damit alles bis ins

Jetzt beginnt das Abenteuer!

kleinste Detail funktioniert. Hinzu kommen gigantische Computerleistungen und supergenaue Vorausberechnungen für den Flug. Außerdem verglühen die riesigen Raketen, die die Astronauten in ihrer Kapsel ins All bringen, nach dem Start. Für die nächste Reise muss also eine neue und teure Antriebsrakete gebaut werden.

Jetzt muss man sich natürlich fragen, warum die Menschen auf so eine wahnsinnige und kostspielige Idee gekommen sind, das Weltall zu erforschen. Aber ehrlich gesagt, ich bin ja auch neugierig, ich würde auch solche Experimente und Messungen machen, Fotos schießen, Gesteinsproben einsammeln. So wie vor vielen hundert Jahren die Seefahrer zum ersten Mal nach monatelanger Irrfahrt neue Kontinente wie Amerika betreten haben, so ist es auch mit der Raumfahrt: Die Menschen sind neugierig und wollen immer wissen, was es außerhalb unserer bekannten Welt gibt.

Woher das Wort „Astronaut" kommt

Der Begriff ist schon sehr alt. Er stammt aus dem Griechischen und bedeutet so viel wie Seefahrer, der zu den Sternen segelt. Und weil das Weltall als leerer Raum

> **WWW** Die Russen nennen ihre Astronauten übrigens „Kosmonauten", was vom Sinn her genau dasselbe bedeutet. Die Chinesen bezeichnen sie als Taikonauten, denn das Wort „tai kong" heißt übersetzt Weltraum.

galt, wurde aus dem Seefahrer ein „Raumfahrer", weshalb man Astronauten auch Raumfahrer nennt.

Um das Jahr 1950 hat der Name „Astronaut" die Piloten bezeichnet, die mit speziellen Flugzeugen über 80 Kilometer hoch fliegen konnten. In dieser Höhe ist zwar noch kein richtiger Weltraum, aber damals war es eben die weiteste Entfernung von der Erde, die man als Mensch mit der vorhandenen Technik erreichen konnte.

Einmal Mars und zurück, bitte!

Jetzt geh ich mal zu einem Experten

Aber bevor ich jetzt von tausend Fakten erschlagen werde, frage ich erst mal jemanden, der sich damit ganz genau auskennt. Ich habe nämlich einen echten Astronauten kennengelernt, der mir ganz viele Fragen beantwortet hat. Dr. Reinhold Ewald ist 1997 zur Raumstation Mir geflogen und dann insgesamt 18 Tage lang an Bord geblieben. Dort oben im All hat er gearbeitet und geforscht. Alles klar? Gut, dann fangen wir jetzt mal ganz von vorne an. Wer schießt denn die ganzen Raumfahrer ins All? Tja, so viele Länder sind es gar nicht, die Raumfahrt betreiben. Das machen nur wir Europäer, die USA, Russland und seit 2003 auch China. Einige Länder wie Brasilien, Indien, Kanada, Japan, Israel und Südkorea helfen ebenfalls bei den Projekten mit.

Warum wollen wir immer wieder ins All fliegen, obwohl das teuer, kompliziert und gefährlich ist?

Reinhold Ewald:
„Die Menschen hat schon immer die Neugier angetrieben! Wenn wir heute fernsehen, dann wird das Programm über Satelliten übertragen. Das Wissen, sie zu bauen und in eine Umlaufbahn zu schießen, kommt aus der Raumfahrt! Wenn wir telefonieren oder im Auto ein Navigationssystem benutzen, dann brauchen wir dazu auch Satelliten. Wenn man etwas verstanden hat, kann man es auch nutzen – so wie eben die Technik hinter den Satelliten. Und die technischen Möglichkeiten dazu haben wir jetzt! Und wir haben gelernt, dass Menschen unter neuen und ungewohnten Bedingungen wie in der Schwerelosigkeit sehr sinnvolle Dinge tun können. Das alles wird in der Raumfahrt erforscht."

Hier siehst du die Mir. Das ist die Raumstation, mit der Reinhold Ewald die Erde umkreiste.

So heißen die wichtigsten Raumfahrt-Organisationen der Welt:

 USA: NASA (National Aeronautics and Space Agency)

 Europa: ESA (European Space Agency)

 Russland: RKA (Rossijkoje Kosmischeskoje Arentstwo)

 China: CNSA (China National Space Administration)

 Kanada: CSA (Canadian Space Agency)

 Japan: JAXA (Japan Aerospace Exploration Agency)

Manche von ihnen bilden auch eigene Astronauten aus.

Die Raumfahrt ist also eine ziemlich internationale Sache. Gibt es da nicht ganz schön viele Probleme? Die Wissenschaftler aus den verschiedenen Ländern müssen sich ja irgendwie verständigen können, wenn sie miteinander arbeiten oder telefonieren.

Unbemannte Mission:

Am 4. Januar 2004 landete die Marssonde Rover auf dem „Roten Planeten".

Bemannte Mission:

Seit 1981 startet der Spaceshuttle ins All.

Deshalb müssen sie sich auf eine Sprache einigen, in der geredet wird. In Europa und Deutschland, also bei der ESA, die sehr eng mit der amerikanischen NASA zusammenarbeitet, wird Englisch gesprochen. Deshalb wird dir in diesem Buch immer mal ein englischer Begriff begegnen. Wenn du das noch nicht so gut kannst, keine Sorge. Ich übersetz das, damit du auch weißt, was gemeint ist. Die Raumfahrt teilt sich grundsätzlich in zwei ganz unterschiedliche Teile auf: die bemannte und die unbemannte Raumfahrt. Als unbemannte Raumfahrt bezeichnet man alle Vorhaben, die mit Raumfahrzeugen, aber immer ohne Astronauten gemacht werden. Da sind zum Beispiel Raumsonden, Forschungs-, Wetter-, Erdbeobachtungs- oder Telekommunikationssatelliten. Zur bemannten Raumfahrt gehören dagegen alle Missionen, die von Astronauten gesteuert werden, wie die Mondlandung oder der Betrieb der Internationalen Raumstation ISS. Äh, hab ich da Mission gesagt? Nein, Astronauten sind keine Geheimagenten. Wenn eine Raumfahrtbehörde beschließt, eine Raumfähre, eine Sonde oder einen Satelliten ins All zu schießen, dann wird der gesamte Zeitablauf von der ersten Planung bis zum Abschluss in der Fachsprache nur „Mission" genannt.

Der Astronauten-Job unterscheidet sich übrigens auch noch mal in drei verschiedene Aufgabenbereiche:

Der „Pilot Astronaut" (englisch, also der Piloten-Astronaut) steuert und befehligt das Raumschiff. Er war vor seinem Einsatz meist Test- oder Militärpilot.

Der „Mission Specialist" (englisch, der Missions-Experte) ist meist Ingenieur oder Wissenschaftler. Er kann das Raumschiff warten und reparieren, Experimente ausführen oder Arbeiten mit dem Roboter ausführen.

Der „Payload Specialist" (englisch, der Fracht-Spezialist) ist für den Aufbau meist sehr aufwendiger Experimente verantwortlich, deren Geräte er aus den in der Fracht mitgenommenen Teilen zusammenbaut.

Aller Anfang ist schwer!

Wie alles anfing

Um Astronaut zu werden, ist es wichtig, sich auch in der Geschichte der Raumfahrt gut auszukennen. Der Traum, ins All zu fliegen, ist schon ein paar tausend Jahre alt. Vielleicht hast du ja schon einmal von der griechischen Sage über Ikarus gehört, der mit angeklebten Vogelfedern fliegen wollte, der Sonne zu nah kam und abstürzte. 1810 baute der berühmte Schneider von Ulm ein Fluggefährt. Aber auch er stürzte ab, in den Fluss Donau. Als Flugpionier gilt auch Otto Lilienthal, der bis 1896 lebte. Die ersten Flieger waren aus Holz gebaut und sind dann ab 1903 mehr schlecht als recht durch die Luft geholpert.

1865 hat sich der französische Schriftsteller Jules Verne in seinem Roman „Von der Erde zum Mond" vorgestellt, wie man dorthin fliegen könnte. Damals sind aber noch nicht einmal die Flugzeuge erfunden gewesen.

Konkurrenten im All: Der erste Mann im Weltraum war der Russe Juri Gagarin (rechts). Ihm folgte ein Jahr später der Amerikaner John Glenn. Es stand 1:0 für Russland im Wettlauf um den Weltraum.

Nach einer griechischen Sage kam Ikarus der Sonne zu nahe. Seine Federn, die er mit Wachs befestigt hatte, lösten sich, weil das Wachs bei der Hitze schmolz. Er stürzte ab.

Erst 1961 ist die Weltraumfliegerei dann richtig losgegangen: Am 12. April flog der sowjetische Kosmonaut Juri Gagarin als erster Mensch mit einer Rakete in den Weltraum. Seine Raumkapsel hieß „Wostok 1", ein ziemlich kleines und unförmiges Gerät: Sie war nur 4,41 Meter lang und der kugelförmige Innenraum zum Sitzen hatte einen Durchmesser von nur 2,30 Metern – eine ganz schön enge Angelegenheit also. Wostok 1 blieb der Erde im Vergleich zu heutigen Missionen noch ziemlich nah und blieb auch nur eine Stunde und 48 Minuten im All. Trotzdem war der Flug eine Riesensensation: Ein Mensch war zum ersten Mal in der Geschichte in den Weltraum geflogen! Die Radios und wenigen Fernseher waren umlagert, die Zeitungen auf der ganzen Welt schrieben riesige Schlagzeilen.

Niemand hatte Erfahrungen mit der Schwerelosigkeit, die im All herrscht. Keiner konnte wissen, ob das Material der Raumkapsel durchhält oder ob die Antriebsrakete explodiert. Für Juri Gagarin war die Mission daher lebensgefährlich. Doch er landete in seiner Kapsel, die an einem Fallschirm hing, gesund und munter wieder auf der Erde. Gagarin wurde zu einem berühmten Helden und bekam viele Auszeichnungen.

Mit diesem Ereignis ging es dann richtig los: Die US-Amerikaner wollten auch unbedingt ins All – ein Jahr später, 1962, flog der Astronaut John Glenn mit der Kapsel „Friendship 7" dreimal um unseren Planeten.

Technisch war Gagarins Raumflug eine Meisterleistung: Es gab schließlich damals noch keine Computer, alles musste mit der Hand berechnet und gesteuert werden.

Die Schlagzeile, die um die Welt ging: Juri Gagarin umrundete als erster Mensch die Erde in einem Raumschiff!

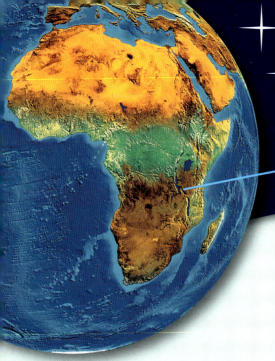

Die Kapsel von Apollo 11

384 000 KILOMETER

Die Erfolge im Weltraum!

Die Sensation

Nun begann ein richtiger Wettlauf zwischen den USA und der Sowjetunion. Jeder der beiden mächtigen Staaten wollte schneller und besser sein als der andere. Die Ingenieure und Wissenschaftler bauten immer größere und modernere Raumkapseln, die auch Platz für mehrere Astronauten boten. 1965 hatte wieder die Sowjetunion die Nase vorn, als sie den ersten Ausstieg eines Astronauten aus einer Kapsel ins All hinbekam. Die größte Sensation überhaupt schafften aber dann die Amerikaner: Am 20. Juli 1969 betrat der Astronaut Neil Armstrong als erster Mensch in der Geschichte den Mond. Der ist 384 000 Kilometer von der Erde entfernt, also fast tausendmal die Strecke von Frankfurt nach München. Knapp zehn Jahre lang hatten die Vorbereitungen gedauert, bis die Mondlandefähre der Apollo 11 mit zwei Astronauten an Bord auf dem dunklen Mondboden aufsetzte. Armstrong durfte in seinem dicken Raumanzug als erster Mensch überhaupt aus der Fähre steigen und den Mond betreten. Dabei sagte er den bis heute berühmten Satz, den Millionen Menschen am Fernseher sogar live hören konnten:

Im März 1965 konnten die Russen erneut einen Erfolg landen: Alexej Leonow war der erste Mensch, der aus seinem Raumschiff ausstieg.

384 000 Kilometer!

Unvorstellbar weit, was? Ich hab's mal ausgerechnet: Wenn ihr schnell geht, und zwar 6 Kilometer in der Stunde ohne Pause und Schlaf den ganzen Tag durchwandern würdet, würdet ihr 7 Jahre und 4 Monate brauchen, um den Mond zu erreichen. Ist doch gar nicht so schlimm, oder ... ?!?

Am 20. Juli 1969 betrat der Astronaut Neil Armstrong zum ersten Mal in der Geschichte der Menschheit den Mond.

„Ein kleiner Schritt für mich, ein großer Schritt für die Menschheit." Auf der Mondoberfläche machten Armstrong und sein Kollege Edwin Aldrin viele wissenschaftliche

Seltener als Diamanten: Auf der Mondoberfläche sammelten Neil Armstrong und Edwin Aldrin jede Menge Mondgestein.

Experimente und flogen wieder nach Hause. In den folgenden Jahren landeten weitere sechs Apollo-Fähren. Insgesamt elf Astronauten sind seitdem im dicken Raumanzug auf dem Mond herumspaziert. Doch schon bald hatte die NASA nicht mehr genug Geld, immer neue Raumfähren dorthin zu schicken. Schließlich wurde das Mond-Raumfahrtprogramm beendet.

Doch mit der Raumfahrt selbst ging es weiter, auch wenn das Geld dafür immer ziemlich knapp war. 1973 startete das „Skylab" ins All. Diese Raumstation landete nicht auf einem Planeten, sondern kreiste in rund 400 Kilometern Höhe um die Erde. Die Fachleute sagen dazu in einer „Umlaufbahn" oder einem „Orbit". Das war völlig neu! Das Skylab war fast 40 Meter lang.

Drei Astronauten beobachteten dort oben mit einem speziellen Teleskop die Sonne, einmal blieben sie sogar 84 Tage lang in der Station. Doch die Technik im Skylab ging oft kaputt, manchmal wurde es für die Astronauten sogar gefährlich. 1979 ließ man die Raumstation über Australien abstürzen – aber keine Angst, die Astronauten flogen natürlich vorher auf die Erde zurück. Als sie abstürzte, war sie leer.

1973 startete das „Skylab" ins All. Diese Raumstation landete nicht auf einem Planeten, sondern kreiste in rund 400 Kilometern Höhe um die Erde.

Jetzt wird durchgestartet!

Was bedeutet „Orbit" oder „Umlaufbahn"?

„Orbit" ist ein englisches Wort, dessen Übersetzung „Umlaufbahn" bedeutet.
Tja, und was passiert auf so einer Umlaufbahn? Die Erklärung ist ein bisschen kompliziert, aber ich versuch es mal: Ein Himmelskörper wie etwa eine Raumfähre kann von selbst immer wieder um die Erde kreisen, ohne dauernd die Triebwerke zu benutzen. Wenn ein Flugzeug, das ja viel näher zur Erde fliegt, seine Triebwerke ausschaltet, stürzt es nach kurzer Zeit ab. In dieser

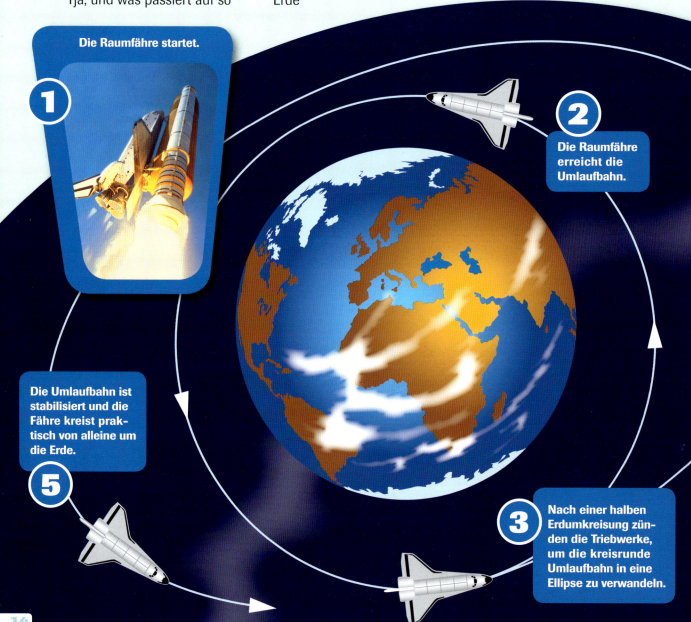

1 Die Raumfähre startet.

2 Die Raumfähre erreicht die Umlaufbahn.

3 Nach einer halben Erdumkreisung zünden die Triebwerke, um die kreisrunde Umlaufbahn in eine Ellipse zu verwandeln.

5 Die Umlaufbahn ist stabilisiert und die Fähre kreist praktisch von alleine um die Erde.

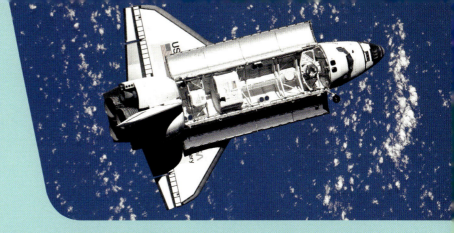

Schätze doch mal, wie schnell die Raumfähre fliegen muss, um stabil in einer Umlaufbahn zu bleiben! Sie donnert mit sage und schreibe 28 067 Stundenkilometern um die Erde!

Umlaufbahn passiert das der Raumfähre aber nicht, sie fliegt und fliegt! Das geht aber nur unter einer einzigen, ganz speziellen Bedingung: Die Fliehkraft dieses Raumfahrzeugs, die durch seine Fluggeschwindigkeit entsteht, muss genauso groß sein wie die Schwerkraft der Erde. Damit entsteht ein Gleichgewicht zwischen diesen Kräften. Die Wissenschaftler müssen deshalb vorher genau ausrechnen, in welcher Höhe und mit welcher Geschwindigkeit das Raumfahrzeug zu fliegen hat. Und was passiert? Es fliegt in einer kreisförmigen Erdumlaufbahn, einem „Orbit". Geben die Astronauten noch mehr Gas, entsteht eine Erdumlaufbahn in Form einer Ellipse, was in etwa wie ein Ei aussieht. Sie wird als Bahn für Satelliten, für die Raumstation ISS oder für Raumfähren genutzt. Doch ein Raumfahrzeug erst mal dahin zu bringen ist richtig aufwendig und sehr kompliziert.

Die Wissenschaftler machen das so: Das Raumfahrzeug – zum Beispiel ein Spaceshuttle – steuert mit seinen Manövriertriebwerken in eine elliptische Umlaufbahn mit einem tiefsten Punkt von rund 109 Kilometern und einem höchsten Punkt von 185 Kilometern über der Erdoberfläche (Normalnull). Wenn es nach einer halben Erdumkreisung den bahnhöchsten Punkt erreicht, zünden die Manövriertriebwerke noch mal, um die kreisrunde Umlaufbahn in eine Ellipse mit einem tiefsten Punkt in 185 Kilometern zur Erde und maximal 400 Kilometer Höhe zu verwandeln. Wenn die Raumstation wieder den höchsten Punkt erreicht, zündet sie die Manövriertriebwerke erneut und stabilisiert die Bahn in dieser Höhe. Nun kreist sie praktisch von alleine um die Erde – immer wieder und wieder.

4
Nachdem die Raumfähre 400 Kilometer Höhe erreicht hat, zündet sie noch mal die Triebwerke, um die Umlaufbahn zu stabilisieren.

Es ist ganz schön kompliziert, ein Raumschiff in die Erdumlaufbahn zu bringen.

Was ist denn ein Weltraumtaxi?

Was ist eigentlich ein Spaceshuttle?

1981 konnten Millionen Menschen im Fernsehen verfolgen, wie wieder ein ganz neues Zeitalter der Raumfahrt anbrach. Am 12. April hob in Amerika zum ersten Mal die Raumfähre mit dem Namen „Columbia" ab. Diesen Typ bezeichnen die Amerikaner als „Spaceshuttle". Das ist dummerweise englisch und spricht sich „Späisschattel" aus. Und was heißt das übersetzt? Na, so etwa „Weltraum-Pendelbus". Der Grund für diesen komischen Namen ist einfach – und sensationell zugleich: Bis dahin starteten die Astronauten in einer Art Kapsel ins All, die auf eine Trägerrakete gebaut war. Die Teile dieser Rakete sind nach dem Start nacheinander abgefallen und verglüht, wenn sie ausgebrannt waren. Am Ende konnte nur die Raumkapsel allein zur Erde zurückkehren. Der „Spaceshuttle" aber, das ist das Besondere, kann ins All fliegen und – wie ein Flugzeug – wieder runterkommen und auf einer Piste landen. Ein Weltraum-Taxi! Vielleicht hast du so eine Fähre ja schon mal gesehen. Sie fliegen nämlich bis heute.

Das ist die Arbeitskleidung eines echten Spaceshuttle-Piloten. Jetzt muss ich nur noch fliegen lernen und natürlich auch landen, denn das kann diese riesige Raumfähre tatsächlich.

In diesem Cockpit steuern die Astronauten den Spaceshuttle ins All – und wieder zurück.

Ins All hebt der Spaceshuttle senkrecht mit Hilfe seiner drei Haupttriebwerke ab, die aus zwei riesigen Raketen (gelb) und einem großen, abwerfbaren Tank (blau) mit flüssigem Wasserstoff und Sauerstoff bestehen. Mit Hilfe dieser Kraftpakete erreicht der Shuttle in nur einer Minute eine irre Geschwindigkeit von 1609 Stundenkilometern – und verbraucht dabei 680 Tonnen Treibstoff. Nach nur zwei Minuten ist der Shuttle schon 45 Kilometer hoch und donnert mit einer Geschwindigkeit von 4828 Stundenkilometern ins All.

Der Spaceshuttle startet immer in den USA, und zwar in Kap Canaveral (Florida). Die Amerikaner haben gleich mehrere Shuttles gebaut. Sie tragen auch englische Namen: Atlantis, Discovery (auf Deutsch: „Entdeckung") und Endeavour (gesprochen Endewer, das bedeutet: „die Unternehmung").

1986 wurde von der Sowjetunion eine neue Raumstation ins All geschossen, die auch um die Erde kreiste: Sie hieß Mir, das russische Wort für „Frieden". Das ganz Neue daran: Sie war wie ein Baukasten konstruiert. Die einzelnen Module waren so konstruiert, dass sie auf der Erde zusammengebaut werden konnten und beim Andocken an die Station wie zwei Legosteine mit dem Kernstück zusammenpassten. Und die hatten ganz spannende Namen: Quant I und II, Kristall, Spektr und Priroda. Die Mir flog in ihrer Umlaufbahn immer rund um die Erde – rund 28 000 Stundenkilometer schnell und bis zu 400 Kilometer hoch. Um einmal um die Erde zu fliegen, brauchte sie nur 92 Minuten! Aber irgendwann wurden die Reparaturen immer komplizierter und teurer. Schließlich brachte man sie 2001, nach 15 Jahren im All, ohne Besatzung zum Absturz in den Ozean.

Die Mir war wie ein Baukasten konstruiert. Erst wurde das Kernstück hochgeschossen, dann folgten fünf Forschungsmodule.

Die Raumfähre Sojuz beförderte die Besatzung.

Andockstation für 5 Raumschiffe

Das Hauptmodul. Hier wohnte die Besatzung.

Quant 1, diente astronomischen Beobachtungen

Progress war das unbemannte Versorgungsschiff.

Die Zukunft beginnt jetzt!

Die Internationale Raumstation ISS

1998 begann schließlich die bislang letzte Mission in der spannenden Raumfahrt-Geschichte: die Internationale Raumstation ISS (das steht für International Space Station und bedeutet – na ganz leicht, Internationale Raumstation). Bis zu diesem Zeitpunkt waren die USA und Russland ganz schön zerstritten.

Das ist der Roboterarm der ISS. Er hilft beim Einladen von Versorgungsgütern und beim Reparieren und Bauen.

Jeder wollte der Erste sein und am meisten Ruhm einheimsen. Doch bei der ganzen Weltraumforschung stellten beide Länder fest, dass sie viel besser vorankommen könnten, wenn sie zusammenarbeiten würden. Deshalb begannen sie, die ISS gemeinsam zu konstruieren. Europa hilft dabei auch ganz viel mit, außerdem Kanada und Japan.

Mittlerweile kreist die neue Raumstation ebenfalls in rund 400 Kilometer Höhe um die Erde – sie ist bis heute der Außenposten der Menschen im Weltall! Und weißt du was? Wenn man die Position kennt, kann man sie nachts sogar ohne Fernglas am Himmel entlangziehen sehen – denn sie leuchtet heller als der hellste Stern!
Die Besatzung besteht immer aus drei Astronauten, die bis zu einem

WWW Die ISS ist ein riesiges Ding: Im Moment ist sie 108 Meter lang und wiegt 450 Tonnen. Und trotzdem donnert sie mit 28 000 Stundenkilometern in ihrer Umlaufbahn immer um die Erde rum. Wahnsinn!

halben Jahr lang in der Station bleiben können. Sie werden von einem Spaceshuttle hochgebracht und nach Ablauf einer bestimmten Zeit wieder abgeholt. Seit dem Jahr 2000 sind regelmäßig Astronauten auf der Station.

Sie arbeiten dort, können essen, schlafen, Sport treiben, Videos schauen und haben Funkkontakt zur Erde. Und eine Sache finde ich richtig spannend: den Roboterarm. Dieses riesige Ding ist ganze 17 Meter lang und hilft beim Einladen von Versorgungsgütern und beim Reparieren und Bauen. Und ich habe noch was entdeckt: Auf der Raumstation

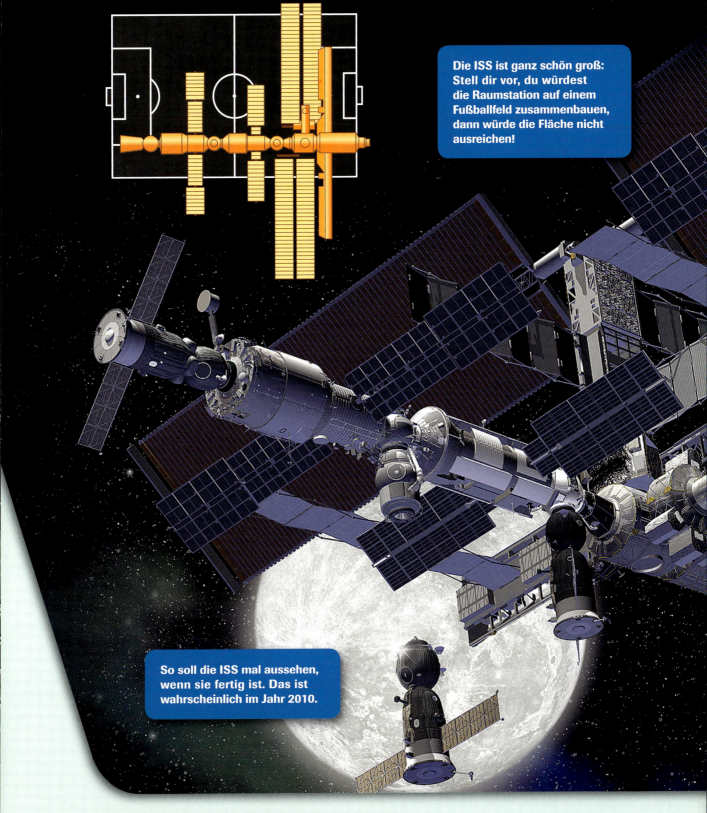

Die ISS ist ganz schön groß: Stell dir vor, du würdest die Raumstation auf einem Fußballfeld zusammenbauen, dann würde die Fläche nicht ausreichen!

So soll die ISS mal aussehen, wenn sie fertig ist. Das ist wahrscheinlich im Jahr 2010.

gibt's, wie auf einem Schiff, sogar ein richtiges „Rettungsboot"!
An der ISS ist nämlich eine ganz kleine Raumkapsel angedockt, die „Sojuz" heißt und aus Russland stammt. Sollte auf der ISS wirklich einmal ein Unglück passieren – wenn es zum Beispiel brennt oder wenn es keinen Sauerstoff mehr zum Atmen gibt –, dann können die Astronauten in die Rettungskapsel klettern, starten und sicher zur Erde zurückkommen.

Irgendwie hab ich mir das leichter vorgestellt!

Wer darf überhaupt Astronaut werden?

Geht es dir auch so wie vielen Kindern, die alle Astronaut werden wollen. Am liebsten sofort! Ich habe mich mal umgehört, wie man das anstellen kann. Und weißt du was? In Köln gibt es eine Schule, in der Astronauten ausgebildet werden: das Europäische Ausbildungszentrum für Astronauten. Da bin ich sofort hingefahren und habe mal nachgefragt. Volltreffer! Dr. Rüdiger Seine ist ein echter Astronautentrainer, der schon 20 Raumfahrer ausgebildet hat. Und der hat mir alles genau erklärt.

Willi: Erzähl mir doch bitte ganz schnell, wie ich Astronaut werden kann!

Rüdiger Seine: Im Prinzip kann jeder Astronaut werden. Der Beruf ist übrigens auch nicht nur etwas für Männer! Frauen können genauso Astronautin werden, da gibt es überhaupt keinen Unterschied. Man muss erst mal nur die Bedingungen erfüllen und am Ende das ganz schön strenge Auswahlverfahren bestehen.

Willi: Muss ich gut in der Schule gewesen sein?

Rüdiger Seine: Was man auf jeden Fall braucht, sind sehr gute Schulnoten. Dann muss man studiert haben, entweder eine Naturwissenschaft, Medizin oder eine Ingenieurwissenschaft. Es gibt aber auch Astronauten, die vom Militär kommen. Wichtig ist, dass sie gute Leistung im Studium gezeigt haben und schon ein paar Jahre im Beruf gearbeitet haben. Direkt nach der Schule oder der Universität kann man also noch nicht Astronaut werden.

Willi: Na, da muss ich ja noch ganz schön lange warten. Und das ist schon alles?

Rüdiger Seine: Nein! Außerdem

Stress? Ich hab keinen Stress!!!

Man muss für so eine anspruchsvolle und gefährliche Arbeit auf der ISS schon viel Erfahrung im Umgang mit Menschen, mit Stress und schwierigen Situationen gehabt haben. Meistens sind die Raumfahrer deshalb schon zwischen 35 und 45 Jahre alt.

Übrigens ist Raumfahrt nicht nur etwas für Männer! Frauen können genauso Astronautin werden, da gibt es überhaupt keinen Unterschied. Hier ist Spaceshuttle-Commander Eileen Collins mit dem Astronauten Charles Camarda zu sehen.

Der Mann weiß, wovon er spricht: Rüdiger Seine ist Astronautentrainer. Und ich lass mich jetzt von ihm ausbilden!

muss der Bewerber beweisen, dass er ganz viel Durchhaltevermögen hat und nicht bei jedem kleinen Problem alles sofort in die Ecke schmeißt. Sehr gut Englisch muss er auf jeden Fall auch können. Und ganz wichtig ist, dass er auch gut mit anderen zusammen im Team arbeiten kann.

Willi: Na, das bestehe ich doch spielend ...

Rüdiger Seine: Wenn du diese Hürden erst mal genommen hast, musst du aber noch durch das Auswahlverfahren kommen. Da wird genau getestet, ob du ganz gesund bist, ob du eine gute Kondition hast und ganz vieles mehr. Zum Beispiel testen wir auch, wie fein deine Hände und deine Augen zusammenarbeiten. Das ist ganz wichtig, wenn du mit dem Roboterarm auf der Station

schwierige Arbeiten ausführen musst, bei denen keinesfalls etwas kaputtgehen darf. Und aus ein paar tausend Bewerbern suchen wir eben den einen aus, der bei allen Aufgaben und Tests am besten abgeschnitten hat. Der wird zum Astronauten ausgebildet.

Willi: Na ja, irgendwie hab ich mir das echt leichter vorgestellt ...

Hier kannst du es genau sehen: Auf der Raumstation ist es richtig eng. Deshalb dürfen sich die Astronauten nicht streiten. Denn abhauen und Türen zuknallen – das geht einfach nicht.

21

Auf dem Laufband wird getestet, ob das Herz gesund und der Körper voll belastbar ist.

Ganz schön schwer, Astronaut zu werden!

So, jetzt folgen die medizinischen Tests, ob der Kandidat auch wirklich gesund und geeignet ist, um in den Weltraum zu fliegen. Das lasse ich mir von Dr. med. Klaus Lohn vom Institut für Luft- und Raumfahrtmedizin ganz genau erklären.

Willi: Dr. Lohn, dauert so ein Test denn lange?

Klaus Lohn: Es sind schon einige Stationen, bis wir genau wissen, ob du dich als Astronaut eignest. Als Erstes müssen wir untersuchen, ob dein Herz völlig in Ordnung ist. Dazu bekommst du eine Menge Stöpsel auf die Brust geklebt und fängst auf dem Laufband an zu laufen – und zwar immer schneller und schneller, bis du richtig zu schwitzen anfängst. So können wir testen, wie du mit dieser Belastung fertig wirst. Wenn du diesen Test hinter dir hast, machen wir eine Untersuchung in der Zentrifuge. Das ist eine große Kabine aus Stahl, in die du reinklettern musst und dich dort auf dem Sitz wie im Auto festschnallst. Die Kapsel ist an einem mehrere Meter langen und tonnenschweren blauen Greifarm befestigt. Der schleudert die Kapsel in einer rasenden Geschwindigkeit immer im Kreis – so ähnlich wie auf dem Rummelplatz, nur viel schneller. Wir müssen ja herausfinden, ob du als Kandidat

Bevor es losgeht, muss ich mich wegen der Fliehkraft ordentlich anschnallen.

❶

Das ist ja besser als auf dem Rummelplatz!

auch eine sehr große Beschleunigung aushältst, zum Beispiel beim Start einer Rakete.

Willi: Äh, ich soll da jetzt wirklich reinkrabbeln?

Klaus Lohn: Keine Angst, vor und während der Tests haben wir eine Ton- und Videoverbindung in unseren Kontrollraum. Wir sehen also jederzeit, was mit dir passiert und wie es dir geht. Wir beschleunigen die Kabine auf die dreifache Erdanziehungskraft. Diese Geschwindigkeit ist nötig, um eine Rakete in eine Umlaufbahn zu schießen. So, Ruhe jetzt! Der Countdown läuft. Fünf, vier, drei, zwei, eins – los geht's.

Bei einer Beschleunigung auf die dreifache Erdanziehungskraft hat man das Gefühl, man würde 200 Kilogramm wiegen.

Willi: Oje, ich merke, wie die Kabine plötzlich rattert. Ich schau vor mir auf einen roten Punkt. Ich habe das Gefühl, als ob ich steil in den Himmel hochschieße. Ich merke, wie mir das Blut in den Unterkörper schießt und dass ich ganz fest in den Sessel gedrückt werde.

Klaus Lohn: Durch die Beschleunigung bist du in diesem Moment dreimal so schwer wie vor dem Beginn des Tests. Versuch jetzt bitte, erst die Hand und dann die Beine zu heben.

Willi: Das geht ja plötzlich total schwer! Ich krieg die Hand kaum hoch! Und die Beine bewegen sich gar nicht. Ich kann sie nicht heben!

Klaus Lohn: Bei einem richtigen Raketenstart geht das genauso schwer. Das war's erst mal! Wir bremsen die Kabine jetzt ab.

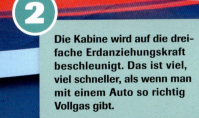

② Die Kabine wird auf die dreifache Erdanziehungskraft beschleunigt. Das ist viel, viel schneller, als wenn man mit einem Auto so richtig Vollgas gibt.

Ähh, ... muss ich mich wirklich auf den Stuhl setzen?

Willi: Jetzt hab ich das Gefühl, als ob ich in einer Rakete sitze und irre schnell auf die Erde zurase. Ich knall doch gleich in die Baumwipfel! Hiiiiilfe!

Klaus Lohn: Ganz ruhig. Gleich ist alles wieder normal. Du hast den Test übrigens bestanden! Und jetzt geht's gleich zur nächsten Untersuchung. Du setzt dich auf einen hohen Sessel, der auf eine schwere Metallscheibe gebaut ist und sich ganz schnell um die eigene Achse drehen lässt. Damit können wir feststellen, wie gut dein Gleichgewichtssinn ist und ob dir beim Drehen schnell schwindlig oder gar schlecht wird. Los geht's!

Willi: Gut, dass ich angeschnallt bin! Der Stuhl dreht sich so schnell, dass ich sonst rausfliegen würde. Aber schlecht wird mir nicht.

Klaus Lohn: Prima, jetzt stoppen wir dich – aber Achtung, der Stuhl schwingt nicht aus, sondern stoppt auf der Stelle!

Willi: Hey, jetzt zucken meine Augen ganz doll. Ich hab das Gefühl, ich drehe weiter. Mir ist auch ganz komisch!

Klaus Lohn: Wir Mediziner nennen das Nystagmus. Dein Gehirn glaubt noch, der Stuhl würde sich weiterdrehen, und deswegen bewegen sich deine Augen so zuckend weiter. Wir messen jetzt mit einem Spezialgerät, wie oft und wie heftig sie zucken. Danach machen wir den Test noch einmal in der Gegenrichtung. Wenn deine Augen dann genauso reagieren, hast du einen sehr guten und ausgewogenen Gleichgewichtssinn. Den Test machen wir, damit wir feststellen können, wie du in der Schwerelosigkeit klarkommst. Denn da gibt es ja kein oben und unten, alles schwebt.

So, und nun musst du als Nächstes in die Unterdruckkammer. Das ist eine große, rote Stahlröhre mit einem Guckloch vorne dran. Hier testen wir, wie im Notfall dein Körper reagiert, wenn der Luftdruck sinkt. Du brauchst für den Test übrigens auch noch Papier und etwas zum Schreiben.

① Der Countdown läuft beim Test für den Gleichgewichtssinn.

② Man muss gut angeschnallt sein, um nicht runterzufliegen.

Test in der Unterdruckkammer:

Wenn im Raumschiff der Luftdruck abfällt, wird es ganz schnell lebensgefährlich! In der Druckkammer lässt sich testen, wie sich ein künftiger Astronaut verhält, wenn er nur ganz wenig Sauerstoff atmen kann. Es wird ein Gasgemisch hineingepumpt, das das Gas Helium und nur ganz wenig Sauerstoff enthält. Ungefähr so viel Sauerstoff, wie auf dem höchsten Berg der Erde, dem Mount Everest, noch vorhanden ist. Das ist nicht gerade viel.

Willi: Also gut, ich steige ein, aber wozu brauch ich jetzt Papier und Stifte? Soll ich was malen, wenn's langweilig wird?

Klaus Lohn: Nein, du bekommst jetzt ein paar einfache Rechenaufgaben. Dabei können wir beobachten, wie lange du dich konzentrieren kannst. Du kriegst jetzt noch einen schwarzen Kasten mit zwei Digitalanzeigen an die Finger geklemmt. Der zeigt mir, wie viel Sauerstoff du während des Tests noch im Blut hast und wie schnell dein Herz dabei schlägt.

Willi: Hoppla, jetzt kann ich ja kaum noch Zahlen schreiben und außerdem verrechne ich mich total! Ich kann nicht mal mehr 11 minus 7 rechnen! Das gibt's doch nicht! Und meine Stimme klingt wie die von Donald Duck. Haaahahaaa!

Klaus Lohn: Das ist ganz normal, wenn du sehr viel Helium eingeatmet hast. Wenn du zu wenig Sauerstoff atmest, funktioniert das Gehirn nicht mehr richtig, du kannst dich nicht mehr konzentrieren, fängst an zu lachen. Sobald du mehr Luft bekommst, ist aber alles wieder ganz schnell normal. Du hast jetzt eineinhalb Minuten geschafft. Ein Astronaut hält das aber mehr als doppelt so lange, also über drei Minuten aus. So, Willy, das war's! Du warst richtig gut – aber um Astronaut zu werden, musst du noch ein bisschen besser sein.

Willi: Mist! Dabei hab ich mir so viel Mühe gegeben ...

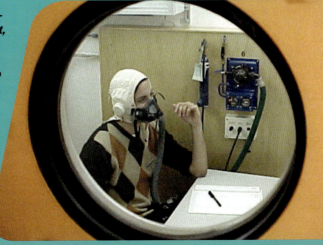

Je weniger Sauerstoff du bekommst, desto schneller pumpt und schlägt dein Herz. Und umso schwerer fällt dir das Atmen und auch das Rechnen. Das wird in dieser Unterdruckkammer getestet.

25

Die Astronauten pauken wie in der Schule!

Was ein Astronaut alles lernen muss, bevor er ins All startet

Nach dem Eintritt ins Astronauten-Team lernen die Neulinge, die alle Tests bestanden haben (anders als ich, seufz ...), insgesamt 18 Monate lang alles, was sie für den Raumflug wissen müssen.

Am Anfang versuchen die Trainer in der vorbereitenden Ausbildung, das zunächst völlig unterschiedliche Wissen der Schüler, die ja alle aus verschiedenen Berufen kommen, einander anzugleichen. Man kann zum Beispiel auch als Arzt und mit sehr wenig Raumfahrt-Wissen Astronaut werden. Was man an speziellen Kenntnissen benötigt, wird einem nämlich ausführlich beigebracht. Die europäischen Astronauten lernen außerdem auch alle die russische Sprache, da die ESA ja eng mit den Russen zusammenarbeitet. Das hat einen echten Vorteil: Das Training der Schüler in Russland findet nämlich dort auch in deren Sprache statt. Und so braucht man keinen Übersetzer mehr. Das macht gleich viel

In solch imposanten Simulatoren trainieren die Astronauten im Kölner Ausbildungszentrum ihre spätere Arbeit auf der Raumstation im All.

Im Europäischen Ausbildungszentrum in Köln absolvieren die Astronauten ihre Ausbildung. Deswegen gibt es hier nicht nur einen Klassenraum, sondern auch origninalgetreue Nachbauten neuer Module der Raumstation.

Dieses Wappen stammt aus dem „Sternenstädtchen". Das ist ein Raumfahrtzentrum in der Nähe von Moskau in Russland. Hier absolvieren die Astronauten einige Teile ihrer Ausbildung. Außerdem sind sie noch bei der NASA in den USA.

mehr Spaß! Für die internationalen Crews ist es sowieso wichtig, dass sie sich in beiden Sprachen – also sowohl in Englisch wie auch in Russisch – verständigen können.

Weiter geht es mit Unterricht in Raumfahrttechnik, Astronomie, also Sternenkunde, einer Grundausbildung im Fliegen, einem Verhaltens- und Gefahrentraining, einem Training für die speziellen Bewegungsabläufe in der Schwerelosigkeit und vielen anderen Übungen.
Außerdem beschäftigen sich die Astronauten-Schüler mit den Funktionen der aktuellen Raumfahrzeuge und der Raumstation, also der ISS – uff, da wird ordentlich gepaukt! Die haben sogar einen richtigen Klassenraum. Arbeiten und Tests müssen sie auch schreiben. Russische Astronauten müssen sogar vor einer großen Expertenkommission eine ganz offizielle Prüfung ablegen.

Das hätte ich jetzt alles nicht gedacht ...

Der Trainer Dr. Rüdiger Seine im Klassenraum, in dem er die Astronauten unterrichtet. Er erzählt: „Wenn ein Schüler in einem Fach nicht ganz so gut ist, ist das nicht schlimm. Jeder Astronaut hat andere Fähigkeiten und die wollen wir gezielt fördern."

In einem Tauchbecken kann man die Schwerelosigkeit simulieren, auch wenn man hier nicht wirklich schweben kann.

Wie werden die Astronauten auf ihre Mission vorbereitet?

Der letzte Teil der Ausbildung ist speziell darauf ausgerichtet, was die Astronauten für ihren Raumflug-Einsatz alles an Wissen brauchen. Bis dahin muss der vorher gelernte Stoff aber schon richtig gut sitzen! Damit sich die Besatzung auch untereinander perfekt kennenlernen kann, sind die drei Astronauten beim Unterricht so oft wie möglich zusammen. In der Grundausbildung gibt es nämlich oft ganz andere Teams als die, die später fliegen. Dieser Unterricht wird auf mehrere Raumfahrtzentren, mit denen die ESA zusammenarbeitet, verteilt. Denn dort arbeiten die Spezialisten, die den Teams alles Wissenswerte über neue Technik und spezielle Aufgaben erklären. Auch die Experimente müssen gut vorbereitet sein. Jeder Astronaut hat ja meistens nur ein Fach genau studiert. In der Raumstation muss er dann aber viele Experimente aus allen möglichen Wissenschaften ausführen können: Physik, Chemie, Biologie, Medizin.

Ein bisschen Schwerelosigkeit auf der Erde: der Parabelflug

Ein umgebauter A300 Airbus – also im Prinzip ein normales Passagierflugzeug – beschleunigt zuerst steil nach oben. Die Passagiere werden voll in die Sitze gedrückt und spüren ihr doppeltes Körpergewicht! Dann steuert der Pilot das Flugzeug in eine Flugbahn, die genauso aussieht, als wenn du ganz fest und ganz weit einen Stein in die Luft wirfst: Im Prinzip fliegt das Flugzeug also in einer Bahn, die wie ein Kamelhöcker aussieht. Erst nimmt es etwas Anlauf, dann zieht der Pilot den Flieger ganz steil hoch – und lässt ihn dann genauso steil nach unten fallen. Würg! Während das Flugzeug im freien Fall nach unten stürzt, sind alle Passagiere und Gegenstände an Bord für ungefähr 25 Sekunden schwerelos. Der Pilot korrigiert nur ein bisschen die Flugbahn, um den Luftwiderstand auszugleichen. Erreicht der Airbus einen bestimmten Neigungswinkel, gibt er volle Pulle Gas und fängt ihn wieder ab. Wumm, für die Menschen im Flieger ist wieder die doppelte Schwere spürbar. Und schon geht's erneut aufwärts zur nächsten Runde – bis zu 30 Mal hintereinander. Das wäre echt nichts für mich! Und da habe ich noch ein kleines Geheimnis für dich: Kennst du den Spitznamen für das Flugzeug? Der lautet: „Kotzbomber". Dreimal darfst du raten, warum ...

1 Zuerst geht der Pilot in einen extremen Steigflug.

28

Hier geht's jetzt auf und ab!

Er muss also das Experiment ganz genau verstehen, das sich vorher jemand auf der Erde ausgedacht hat. Während der 18 Monate Training hat der Astronautenschüler deshalb nur sehr wenig Urlaub.

Ganz besonders aufwendig und spannend ist das Training für das Leben und die Bewegung in der Schwerelosigkeit. Aufgrund der Anziehungskraft der Erde lässt sich bei uns nun mal keine künstliche Schwerelosigkeit herstellen. Die Anziehungskraft wirkt hier ja überall, sie lässt sich nicht überwinden.

Deswegen mussten sich die Ausbilder einiges einfallen lassen, um den Astronauten wenigstens ein bisschen das Gefühl zu geben, sie wären schwerelos.

Dr. Rüdiger Seine erklärt mir, wie das funktioniert:

„Man kann die Bewegungen in der Schwerelosigkeit in einem Tauchbecken ein bisschen üben. Dafür haben wir ein zehn Meter tiefes, ziemlich großes Schwimmbad. Die Astronauten lernen tauchen, bekommen einen wasserdichten, speziellen Übungs-Raumanzug und trainieren, sich unter Wasser zu bewegen. Diese Bewegungen sind zwar etwas anders als im Weltraum, aber immerhin ähnlich. Ansonsten gibt es zur Vorbereitung nur die Parabelflüge – alles andere wäre ja auf der Erde nicht möglich. Meistens werden diese Flüge über der Bucht von Biskaya gemacht, also über dem Atlantik bei Frankreich. Das alles gehört auch zur Ausbildung der Astronauten – damit sie wenigstens kurz das Gefühl bekommen, wie es ist, wenn man schwebt."

2 Hier beginnt die Phase der Schwerelosigkeit, aber nur für 25 Sekunden.

3 Dann fängt der Pilot die Maschine wieder ab. Jetzt hast du das Gefühl, als wärst du doppelt so schwer.

4 Und wieder geht's in den Steigflug ...

5 Und hier wird mir kotzübel!

Auf einer Mission ist Teamwork angesagt!

Astronauten dürfen sich nicht streiten!

Die Crew besteht aus Astronauten, die aus ganz unterschiedlichen Ländern stammen. Zum Beispiel aus den USA, aus Deutschland und aus Russ-

Das lernen Astronauten alles in ihrer Ausbildung:

- **Einführung in die Raumfahrttechnik**
- **Geschichte der Weltraumfahrt**
- **Astronomie**
- **Sprachenkurs mit Russisch-training**
- **Robotik-Ausbildung**
- **Verhalten im Team**
- **Gefahrentraining**
- **Grundkenntnisse beim Fliegen**
- **Schwerelosigkeitstraining**
- **Spezielles Wissen für die Aufgaben ihrer Mission**
- **Vorbereitung der wissenschaftlichen Experimente**

land. Da hat jeder im Team seine Eigenarten: Einer lacht über Witze, die die anderen nicht kapieren. Einer redet viel, der andere ist ganz ruhig.

Ein weiterer wichtiger Teil des Trainings ist deshalb, dass die Crew-Mitglieder sich genau kennenlernen und anfreunden. Sie lernen, miteinander gut umzugehen und ihre eigenen Stärken und Schwächen einzuschätzen. Sie müssen ganz viel Rücksicht aufeinander nehmen und dürfen nicht gleich eingeschnappt sein, wenn jemand mal etwas sagt, was den anderen ärgert. Astronauten haben wenig Zeit und viel Arbeit. Einfach abhauen und die Tür zuknallen ist deshalb nicht drin! Davon abgesehen: In der Raumstation ist es so eng, dass man sowieso nicht alleine sein kann. Deshalb muss die Crew ein klasse Team sein.

Das schafft man doch mit links, ... oder?

Bei der Teamarbeit ist es besonders wichtig, dass man lernt, die Schwächen der anderen zu akzeptieren. Einer sagt vielleicht: Mein Kollege putzt nicht gern das Klo. Mir aber

macht das nichts aus, dann tue ich's halt. Dafür mach ich was anderes nicht, was der dann übernimmt. Es ist auf der Raumstation sehr, sehr wichtig, dass man sich wirklich einigt. In diesem Verhaltenstraining lernen die Astronauten also, wie wichtig das Team ist. Viele Aufgaben sind für einen allein völlig unlösbar, aber wenn man sie zu dritt angeht, klappen sie perfekt. Schon in der Ausbildung achten die Trainer darauf, ob eine Crew zusammenpasst. Die Schüler lernen gemeinsam in ihrer Klasse und arbeiten zusammen. So merken die Lehrer, ob die drei wirklich zusammenpassen. Sind sechs Monate vorbei und zwei können sich gar nicht leiden, dann wird die Crew noch mal getauscht. Es hat auch schon Astronauten gegeben, die zunächst nicht so gut miteinander ausgekommen sind.

Die Abläufe vor dem Start werden wieder und wieder geübt, bis alles perfekt funktioniert.

Selbst wenn sich Astronauten nicht so gut verstehen, müssen sie perfekt im Team arbeiten.

Aber durch ihre Ausbildung sind sie echte Profis geworden, die die Teamarbeit in den Vordergrund stellen und damit ihre Aufgabe perfekt meistern können.

Die Nervosität steigt

Jetzt startet die Rakete bald und die Astronauten sitzen oben in der Kapsel, um ins Weltall zu fliegen! Wird auch alles funktionieren? Die Starttests geschehen in den USA oder Russland – also dort, wo die Rakete auch in Wirklichkeit abheben soll. Hier werden noch mal alle Abläufe und Handgriffe intensiv geübt und wiederholt. Vier Wochen vor dem Start noch neue Inhalte zu trainieren macht keinen Sinn – das würden sich die Astronauten nicht mehr gut merken können. Wer jetzt noch kleine Wissenslücken hat, muss sie ganz schnell und gezielt stopfen. Außerdem übt die Besatzung die Verständigung mit der Bodenkontrollstation, sämtliche Kommandos sowie die genau festgelegten Antworten.

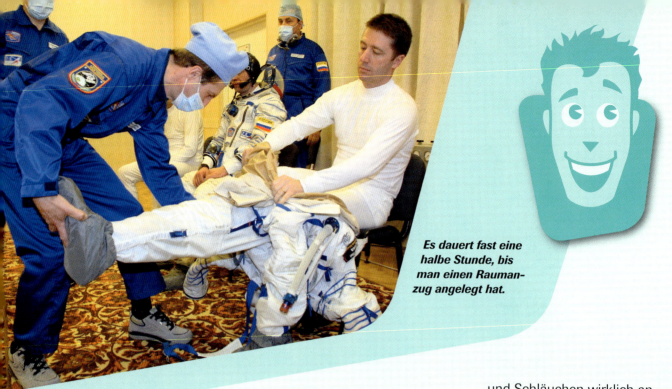

Es dauert fast eine halbe Stunde, bis man einen Raumanzug angelegt hat.

Countdown läuft ... Die Mission startet!

Jetzt folgt eine Phase, bei der sich die Crew ausruhen darf und muss. Sie wird schrittweise isoliert und erhält nur noch mit ganz wenigen Menschen Kontakt. Dieses Vorgehen heißt „Quarantäne" und es soll verhindern, dass sich die Astronauten noch mit Krankheiten anstecken. Denn so ein Schnupfen oder eine Grippe sind ja schließlich ganz schnell übertragen! Und bei so einer wichtigen und teuren Mission darf nichts schief gehen, niemand krank werden und niemand ausfallen.
Zum Schluss sind dann noch einige medizinische Gesundheits-Tests notwendig.

Danach werden die Raumanzüge noch einmal überprüft. Die Astronauten testen, ob die Anzüge richtig gut sitzen und ob das komplizierte Anlegen funktioniert. Denn bis ein Raumanzug mit allen seinen Verschlüssen, Verbindungen und Schläuchen wirklich angelegt ist, dauert es fast eine halbe Stunde.
Zwei Tage vor dem Start nimmt dann das Arbeitspensum ab: Die Astronauten sprechen mit den Technikern, checken ein letztes Mal die Antriebsrakete und diskutieren letzte technische

Enger geht's kaum noch: der Platz in einer Sojus-Kapsel

Jeder Handgriff muss sitzen! Astronaut Reinhold Ewald erzählt von seinem Start zur Mir:

„Ich hatte dabei ein ganz kribbeliges Gefühl im Magen. Das war wie vor einer sehr schweren Prüfung oder Klassenarbeit. Zu diesem Zeitpunkt ist alles ganz genau geplant, nichts wird dem Zufall überlassen. Es gibt klare Kommandos, die wir vorher lange geübt haben, und festgelegte Antworten darauf. Es ist sogar vorher bestimmt worden, in welcher Reihenfolge wir zur Rakete gehen. Denn beim Einsteigen ist nur ganz wenig Platz. Wenn die Reihenfolge nicht gestimmt hätte, dann hätte ich in der engen Sojus-Kapsel über meinen Commander drüberklettern müssen. Im Training haben wir immer über diese Details ganz schön lachen müssen. Als es aber losging, haben wir gemerkt, wie wichtig diese ganz genaue Planung war."

Endlich, jetzt geht's gleich los!

Details. Und dann kommt der Tag, an dem es endlich losgeht: Sie legen ihre Raumanzüge an und gehen zur Rakete.

Langweilen Astronauten sich den ganzen Tag?

Das Weltall und die Sterne betrachten, die Erde von oben beobachten – das muss ja toll sein! Doch dauernd aus dem Fenster rausgucken, das können die Astronauten natürlich nicht. Sie müssen ganz viel arbeiten! Denn sie sollen die Raumstation warten, reparieren und weiter ausbauen. Und außerdem machen sie ja noch ganz viele wissenschaftliche Experimente. Auf der Raumstation gibt es feste Arbeits- und Freizeiten und es gibt sogar ein freies Wochenende. Das wird extra so organisiert, weil die Crew-Mitglieder bei einer so langen Aufenthaltsdauer in der Raumstation auch genügend Zeit zum Erholen brauchen. Die Astronauten erledigen deshalb fünf Tage pro Woche, wie ein Arbeiter auf der Erde, je acht Stunden ihre von der Bodenkontrolle festgelegten Aufgaben.

Die Besatzung macht neben ihrer fest von der Bodenkontrolle eingeplanten Arbeit sehr viele zusätzliche, freiwillige Arbeiten. Die sind aber nicht vorgeplant. Da gibt's im Computer eine Übersicht, in die alles reingeschrieben wird, was mal gemacht werden muss, aber nicht so wichtig ist. Der Astronaut sagt: Ich fühle mich heute noch fit, ich mach noch was. Und dann kann er sich einen Job raussuchen, der ihm Spaß macht. Er gibt der Bodenkontrolle Bescheid: Leute, ich mach das jetzt.

Hinzu kommen noch zwei Stunden Sport am Tag. Denn in der Schwerelosigkeit wird ja viel Muskel- und Knochenmasse abgebaut. Deshalb müssen die Astronauten sich sehr viel bewegen, um ihre Körper für die Rückkehr auf die Erde fit zu halten.

Endlich kommt der Moment, wo es losgeht: Die Astronauten verabschieden sich an der Startrampe.

Erst die Arbeit, dann das Vergnügen!

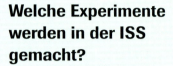

Welche Experimente werden in der ISS gemacht?

Auf der Raumstation machen die Astronauten viele wissenschaftliche Experimente. Zum Beispiel herrscht ja in der ISS Schwerelosigkeit. Deswegen verhalten sich Pflanzen hier ganz anders als auf der Erde. Und auch Gase und Flüssigkeiten reagieren hier komplett anders. Die Ergebnisse dieser Experimente sind für die Wissenschaft besonders interessant. Vorbereitet werden all diese Versuche übrigens auf der Erde. Die Astronauten bekommen genaue Anweisungen, was sie wann zu tun haben und worauf sie achten müssen.

Alles, was für das jeweilige Experiment notwendig ist, wird auf der Erde in einem kleinen Container verpackt. Diese Boxen fliegen mit den Astronauten im Spaceshuttle zur Raumstation. Sie lagern in ganz normalen Kühlschränken, bis die Astronauten sie für ihre Experimente benötigen.

Wenn es beispielsweise um einen Versuch zum Pflanzenwachstum geht, dann müssen die Samen in Nährlösungen gestreut werden, damit sie wachsen. Das passiert in abgeschlossenen Boxen, in die die Astronauten nur mit fest angebrachten Handschuhen hineingreifen dürfen.

Eine andere Aufgabe ist es, dann den Experiment-Container in den „Inkubator" zu bringen. Das ist eine Art Brutkasten, in dem das Experiment mit einer genau festgelegten Temperatur ablaufen muss. Das alles wird von der Bodenkontrolle aus gesteuert. Dort werden die im Vorfeld geschriebenen Programme gestartet, die Computer-Kommandos gegeben und per Datenfunk in die Raumstation übertragen. Nun können die Wissenschaftler auf der Erde alles überwachen – zum Beispiel, wann das Licht an- und ausgehen soll. Und nur dann, wenn eine Veränderung von Hand oder eine Reparatur nötig ist, wird der Astronaut ins Labor geschickt und greift ein. Es kann nämlich vorkommen, dass

Dr. Rüdiger Seine zeigt eine Transporttasche: Alles, was auf die Raumstation gebracht werden soll, muss in so eine Tasche passen. Natürlich gibt es viele solcher Taschen.

Das ist der geheimnisvolle „Inkubator". Manche Experimente können nur bei einer bestimmten Temperatur durchgeführt werden. Die wird dann künstlich in dem Glaskasten hergestellt.

eine Dichtung nicht komplett schließt oder ein Versuchsstreifen versehentlich verrutscht ist.

Ein interessantes Experiment hat übrigens der niederländische Astronaut André Kuipers im Jahr 2004 gemeinsam mit vielen Kindern auf der Erde gemacht.

Er und mehrere tausend Schüler in den Niederlanden, Deutschland und anderen Ländern haben zeitgleich das Wachstum von Kresse-Samen beobachtet. Kuipers war zu dieser Zeit in der Raumstation und verfolgte, wie die Kresse unter den Bedingungen im Weltall wuchs. Die Schüler machten denselben Versuch in ihren Klassenzimmern. Mit Hilfe einer Videoverbindung zu der Station wurden die Ergebnisse verglichen. So konnte man gemeinsam herausfinden, wie sich Kresse in der Schwerelosigkeit und unter Bedingungen der Schwerkraft entwickelt. Diese Ergebnisse sollen helfen, Pflanzen zu züchten, die Astronauten dann bei sehr langen Flügen anbauen und essen können.

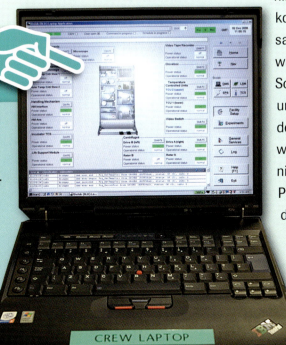

Klein, aber fein: Die Crew überwacht mit einem Laptop alle Experimente an Bord. Auch die Bodenkontrolle verfolgt über diesen Computer von der Erde aus alles. Alle wissen somit immer sofort, welchen Umfang die wissenschaftliche Fracht hat und wo sich alle dazugehörigen Instrumente befinden.

So sieht ein Gewächshaus im Weltall aus. In einem Labor auf der ISS wachsen die Pflanzen in beleuchteten Behältern. Sie scheinen nicht richtig zu wissen, in welche Richtung sie wachsen sollen. Das bewirkt die Schwerelosigkeit.

Und was ist nun dabei rausgekommen?

Die Ergebnisse der Experimente sind total interessant! Auf der Erde weiß doch jeder Gärtner: Das Grüne gehört nach oben. Der Stängel wächst gegen die Erdanziehung, also in Richtung Himmel, zum Licht. Die Wurzel richtet sich zur Erdanziehung hin, also in die Erde hinein. In Experimenten ohne Schwerkraft aber wachsen einige Pflanzen plötzlich in Form von Spiralen. Sie „wissen" offenbar nicht, wie sie sich in der Schwerelosigkeit verhalten sollen. Bei anderen Pflanzen wieder wachsen die Wurzeln zur Seite heraus oder sogar nach oben. Auch ihnen fehlt die „Orientierung", wie sie sie von der Schwerkraft „kennen". Richtig kompliziert ist übrigens das Blumengießen: Ohne Schwerkraft fließt das Wasser ja nicht nach unten. Die Tropfen würden quer durch die Station schweben! Deshalb nutzen die Astronauten spezielle Bewässerungssysteme.

Wie sich Früchte, zum Beispiel Kirschen oder Äpfel, in der Schwerelosigkeit entwickeln, ist noch nicht erforscht. Es dauert einfach zu lange, bis

Das siehst du nur in der Schwerelosigkeit: Ein Wassertropfen bleibt wirklich kugelrund auf dem Pflanzenblatt sitzen. Die so genannte Oberflächenspannung des Wassers wird durch nichts gestört, denn es gibt hier keine Schwerkraft!

Hier geschehen merkwürdige Dinge!

ein Baum Früchte trägt! Außerdem müsste die Pflanze ja in den Reise-Container passen und der ist nicht so groß. Versuche mit Palmen oder Riesenkakteen gehen deswegen schon mal gar nicht.

Aber es gibt ja genügend andere Experimente, die die Astronauten machen können: So ließ zum Beispiel ein Unternehmen seine neuen, mit Gas gefüllten Energiespar-Glühbirnen auf der Raumstation testen. Warum? Auf der Erde unter den Bedingungen der Schwerkraft hatte das Gas der Glühbirnen anders reagiert, als die Forscher dies erwartet hatten. Die Birnen funktionierten einfach nicht so gut. Durch den Test in der ISS ohne Schwerkraft erhielten die Ingenieure Daten, mit denen sie den Fehler fanden.

Mit Pflanzen wird übrigens bereits seit vielen Jahren im Weltall experimentiert, unter anderem mit Sojakeimen, Kakteen oder Senfgras.
2001 haben Astronauten zudem gemeinsam mit kanadischen Schülern das Projekt „Tomatosphere" begonnen: Astronauten haben dafür verschiedene Tomatensamen in der Raumstation angepflanzt. Die Schüler auf der Erde taten dasselbe in ihrer Schule. In dem mehrere Jahre laufenden Experiment will man nun herausfinden, welche Tomatensorten am schnellsten, sichersten und einfachsten wachsen – und die größte Ernte bringen. Diese Tomaten würden sich nämlich gut für die lange Reise zum Mars eignen, die ja irgendwann stattfinden soll. Weil diese Mission dann sehr lange dauern würde, müssten sich die Astronauten ihr Essen teilweise selbst anbauen. Denn der Platz für mitgebrachte Vorräte würde niemals ausreichen.

WWW Das ist schon verrückt: Genau wie Menschen, die in der Schwerelosigkeit Probleme haben festzustellen, wo oben und wo unten ist, haben Pflanzen dasselbe Problem. Während sie auf der Erde kerzengerade in den Himmel wachsen, wissen sie in der Schwerelosigkeit nicht, wo es langgeht.

Im Weltraum wird schön scharf gegessen!

Wie lebt's sich so in der Raumstation?

Willi: Was machen die Astronauten denn, wenn sie keine schwierigen Experimente machen? Astronaut Reinhold Ewald weiß das ganz genau – schließlich war er ja schon im All. Deswegen habe ich ihn gefragt.

Reinhold Ewald: Auf der ISS hat man durch die lange Aufenthaltsdauer den Vorteil, dass man auch ein Experiment verschieben kann. Und wenn ein Experiment nicht 100-prozentig genau so klappt, dann macht man es eben einfach noch einmal. Auf einem normalen Flug mit dem Shuttle ist das anders. Der dauert meist 14 Tage und da muss man bis zu 16 Stunden am Tag durcharbeiten. Alles, was an Experimenten geplant ist, muss schließlich in der vorgegebenen Zeit durchgeführt werden. Das geht nicht anders, denn ein Experiment auf einen anderen Shuttle-Flug zu verschieben ist extrem schwierig. Die nächste Mission ist meist schon völlig mit anderen Aufgaben verplant und vollgepackt. Aber neben ihrer ganzen Arbeit, der Wartung und den Experimenten haben die Astronauten auch Freizeit. Da können sie machen, was sie wollen. Einige spielen Musikinstrumente, die an Bord sind, andere lesen, machen Spiele oder schauen Videos und DVDs. Ganz wichtig ist es auch, mit der Familie und den Freunden auf der Erde Kontakt zu halten. Dazu wird übrigens eine spezielle Funkleitung geschaltet, bei der sonst niemand mithören oder zuschauen kann. Die Familie und die Freunde können aber ins Kontrollzentrum kommen und mit dem Astronauten in der Station sprechen. Sogar E-Mails können ausgetauscht werden. Am Samstag, teilweise am Sonntag ist „Hausputz". Dann wird die ganze Station gewischt.

Willi: Und was essen die Astronauten an Bord? Kochen können sie ja wohl nicht.

Reinhold Ewald: Dreimal am Tag sind feste Zeiten fürs Essen eingeplant. Zum Teil wird das Essen nach den Crew-Wünschen zusammengestellt. Vorher darf sogar jeder Astronaut mal Probe essen, um herauszufinden, was ihm am besten schmeckt. Es hat sich nämlich herausgestellt, dass

Leckere Sachen aus Dosen und Plastikfolien: Mit diesen Lebensmitteln ernähren sich die Astronauten auf der Raumstation.

Spielen ist erlaubt: Hier schwebt gerade eine Scheibe Käse durchs All!

Da muss man sich erst dran gewöhnen: Cola und Limo gibt's gar nicht, weil die Kohlensäure durch den Raum spritzen würde. Tee und Kaffee werden aus Konzentrat mit heißem Wasser zubereitet. Und Säfte gibt's aus der Tube!

das Geschmacksempfinden in der Schwerelosigkeit stark abnimmt. Daher bevorzugen Astronauten ziemlich scharfes Essen. Ein mildes Hähnchen schmeckt auf der Raumstation lasch – ein scharfes Chili ist dagegen gerade richtig.

Willi: Und können sich die Astronuten denn in der Raumstation auch mal duschen?

Reinhold Ewald: Na ja, fließendes Wasser gibt es nicht, das wäre in der Schwerelosigkeit quatsch. Deswegen gibt's auch keine Dusche. Die Astronauten reiben sich mit feuchten Tüchern ab. Die Haare wäscht man sich mit Trockenshampoo.

Willi: Und wie geht Zähneputzen?

Reinhold Ewald: Ein kleiner Schluck Wasser aus der Flasche, ein Klecks Zahncreme auf die Bürste und dann geht das schon. Die Zahnpasta wird meistens gleich runtergeschluckt, denn Ausspucken wäre bei den Bedingungen in der Schwerelosigkeit nicht möglich.

Lecker! Einen Hamburger mit großer Pommes ... schön wär's!

Das Essen in der ISS wird nicht frisch in Topf und Pfanne zubereitet. Es wird auf der Erde vorgekocht und bekommt mit einem speziellen Apparat das Wasser entzogen. Um es haltbar zu machen, wird es dann noch in Plastikfolie verschweißt. Astronauten pumpen mit einer Art Luftpumpe Wasser in die Packung, schütteln diese und schieben sie in die Mikrowelle. Schon kann das Essen beginnen. Man muss aber sehr bedächtig und vorsichtig essen, damit die Happen nicht einfach vom Löffel wegfliegen. Die Astronauten essen gemeinsam an einem kleinen Klemmtisch. Am Boden sind Halter eingebaut, in die sie die Füße reinstellen können, damit sie nicht wegschweben.

Tolle Aussicht von hier oben!

Weltraumspaziergang, Achtung, Lebensgefahr!

Eine der schwierigsten Aufgaben der Astronauten sind die Außenarbeiten an der Raumstation. Entweder gibt es etwas zu reparieren, zum Beispiel ein verklemmtes Sonnensegel, oder es müssen neue Teile oder Geräte an die Station angebaut werden. Das bedeutet: Der Astronaut schwebt draußen im Weltall. Diese Aktion ist der „Weltraumspaziergang". Aber ein normaler Spaziergang ist das nicht, im Gegenteil, dieser hier ist aufregend und spannend. Da heißt es aufpassen und ganz genau planen, denn die Astronauten leben in diesem Moment besonders gefährlich! Würde etwas schief gehen, könnten sie den Kontakt zum Raumschiff verlieren – und das hieße: akute Lebensgefahr!

WWW Der Raumanzug ist wie ein Mini-Raumschiff. Er besitzt alle Grundfunktionen, die auch ein Raumschiff haben muss, damit man im luftleeren Raum überleben kann. Trotzdem ist ein Ausstieg aus einem Raumschiff immer gefährlich.

Beim Weltraumspaziergang trägt der Astronaut einen Raumanzug, der über 100 Kilogramm schwer ist – also schwerer als er selbst. In der Schwerelosigkeit macht das Gewicht aber fast nichts aus. Warum er so schwer ist, erzählt der Astronaut Reinhold Ewald:

„Als Erstes muss der Anzug richtig gut vor Hitze und vor Kälte schützen. Denn arbeitet der Astronaut auf der Seite, die der Sonne zugewandt ist, wird es richtig heiß. Selbstverständlich braucht man auch Luft zum Atmen. Am Raumanzug müssen Sauerstoffvorräte vorhanden sein und ein Gerät, um die Atemluft zu reinigen. Außerdem ist Licht ganz wichtig, eine Kamera und vor allem der Funkkontakt. Dazu ist Strom notwendig. Für den Notfall ist sogar ein Mini-Raketenantrieb eingebaut, mit dem der Astronaut genug Schub bekommt, um an die Station zurückzufliegen. Das ist aber natürlich nur für den äußersten Notfall gedacht, einfach rumfliegen darf man damit nicht."

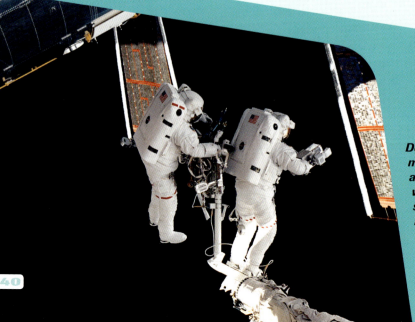

Der Astronaut muss sich immer absichern, sonst würde er ins All schweben und nie mehr zurückkehren können.

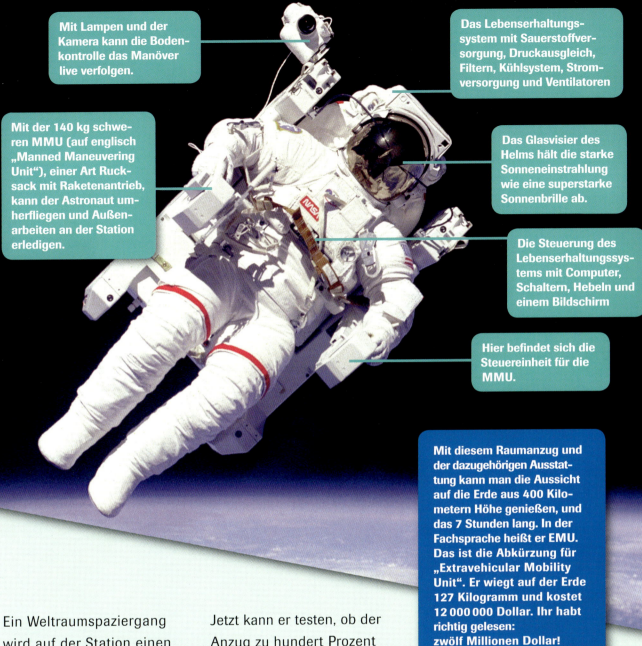

Mit Lampen und der Kamera kann die Bodenkontrolle das Manöver live verfolgen.

Das Lebenserhaltungssystem mit Sauerstoffversorgung, Druckausgleich, Filtern, Kühlsystem, Stromversorgung und Ventilatoren

Mit der 140 kg schweren MMU (auf englisch „Manned Maneuvering Unit"), einer Art Rucksack mit Raketenantrieb, kann der Astronaut umherfliegen und Außenarbeiten an der Station erledigen.

Das Glasvisier des Helms hält die starke Sonneneinstrahlung wie eine superstarke Sonnenbrille ab.

Die Steuerung des Lebenserhaltungssystems mit Computer, Schaltern, Hebeln und einem Bildschirm

Hier befindet sich die Steuereinheit für die MMU.

Mit diesem Raumanzug und der dazugehörigen Ausstattung kann man die Aussicht auf die Erde aus 400 Kilometern Höhe genießen, und das 7 Stunden lang. In der Fachsprache heißt er EMU. Das ist die Abkürzung für „Extravehicular Mobility Unit". Er wiegt auf der Erde 127 Kilogramm und kostet 12 000 000 Dollar. Ihr habt richtig gelesen: zwölf Millionen Dollar! Meine Jeans war billiger!

Ein Weltraumspaziergang wird auf der Station einen ganzen Tag lang vorbereitet. Die Astronauten räumen die Ausstiegsschleusen frei, die in der engen Station normalerweise als Lagerfläche genutzt werden. Erst dann legt der Astronaut, der den Weltraumspaziergang macht, seinen Anzug an. Das dauert ziemlich lange. Schließlich öffnet der Astronaut die erste der beiden Schleusen, geht hinein und lässt den Druck teilweise abfallen.

Jetzt kann er testen, ob der Anzug zu hundert Prozent dicht ist. Ist alles klar, geht die zweite Schleuse auf und raus geht's in den Weltraum! Dabei ist der Astronaut immer – wie ein Bergsteiger – mit zwei Leinen gesichert. Er klinkt sich in einer der Ösen an der Außenhaut der Station ein, bewegt sich vorwärts und klinkt das zweite Seil in einer weiter vorne liegenden Öse ein. Dann geht er zurück, löst die erste Schnur, bewegt sich wieder vorwärts und klinkt die lose Schnur noch weiter vorne ein. So kann er sich langsam, aber gut gesichert am Raumschiff entlanghangeln und seine Arbeiten ausführen. Mit einer Video- und Funkübertragung hat der Spaziergänger dauernd Kontakt mit seinen Kollegen in der Station. Sie können ihn so dirigieren und ihm Tipps geben.

Ganz schön schwierig, die Landung!

Ab nach Hause!

Irgendwann ist die Zeit im All vorbei. Dann heißt es: Rückflug mit dem Spaceshuttle! Vorher wird aber die Station noch ordentlich aufgeräumt, damit die nächste Besatzung das Material, die ganzen Werkzeuge und Messgeräte da vorfindet, wo sie hingehören.

Gefährlich wird es dann noch mal bei der Landung. In diesen letzten Minuten können ganz viele Dinge passieren, die ge-fährlich werden können. Wenn aber – wie zum Glück bisher fast immer – alles gut geht, landen die Astronauten wieder auf der Erde. Direkt danach geht's ihnen dann erst mal gar nicht gut. Denn hier unten gibt es ja die Schwer-kraft! Was das ist, weißt du ja schon: Alles, was du hoch-wirfst, fällt auf den Boden, weil die Erde alles anzieht – also auch das Blut, das dein Herz durch den Körper pumpt. Und der Körper war ja in der Schwerelosigkeit daran gewöhnt, dass das Blut ganz leicht durch die Adern fließen kann. Jetzt, auf der Erde, „schießt" es den Astro-nauten erst mal in die Beine. Und dann sackt der Kreislauf weg und es wird ihnen ganz schnell sehr schwindlig. Nach

WWW **Die Landung ist gefährlich. Wenn die Raumfähre aus dem Weltall kommt und sich der Erde nähert, dann trifft sie auf ganz dünne Luftschichten. Die Luft erzeugt Reibung und dabei wird die Unterseite der Fähre sehr heiß. Und deshalb ist ein ganz spezieller Hitzeschild an die Raumfähre montiert, der diese Wärme abschirmt. Wenn dieser Schild jedoch kaputtgeht oder Teile abfallen, wird's richtig gefährlich für die Astronauten.**

1 Eine Stunde bis zur Landung. Die Flug-höhe beträgt noch 282 km. Der Space-shuttle beginnt den Landeanflug.

2 Der Funkkontakt reißt ab. Das nennt man Blackout. Die Höhe beträgt jetzt 80 km.

3 Bei 70 km Höhe ist die Hitze am größten. Die Unterseite des Shuttles beginnt zu glühen.

4 Noch 55 km Höhe. Der Funkkontakt ist wieder da. Ab 5 km Höhe beginnt dann der endgültige Landeanflug.

Harte Landung: Die meisten Kapseln landen am Fallschirm in der Steppe von Kasachstan.

Ein tragisches Unglück – die Columbia-Katastrophe

Am 1. Februar 2003 gab es einen tragischen Unfall mit der Raumfähre Columbia. Schon am zweiten Flugtag hatten sich offenbar Teile von der Raumfähre gelöst und bei der Landung sind wahrscheinlich noch einige weitere Teile abgebrochen und haben durch die schnelle Geschwindigkeit beim Herunterfallen eine Tragfläche beschädigt. Dadurch ist die Fähre so heiß geworden, dass sie verglüht ist. Die Astronauten sind dabei leider ums Leben gekommen ...

ein paar Stunden geht es meistens schon wieder besser. Dann können die Astronauten aufstehen und sich wieder allmählig ans richtige Leben auf der Erde gewöhnen. Doch ein bisschen umstellen müssen sie sich trotzdem noch. Das hat mir der Astronautentrainer Dr. Rüdiger Seine erzählt: „Astronauten finden das Bewegen auf der Erde erst mal ziemlich beschwerlich. Etwas hochzuheben kommt ihnen irre schwer vor, obwohl es vielleicht nur ein Milchglas ist! Außerdem passiert noch was Lustiges: Die Raumfahrer rennen sehr oft gegen Türen oder Ecken und holen sich blaue Flecken. Sie können nämlich die Kraft nicht mehr einschätzen, die der Körper braucht. Dinge greifen und festhalten – das ist plötzlich ganz komisch. Denn das Gehirn muss die dazu nötige Körperkraft wieder anders vorausberechnen. Das Ganze dauert so ein, zwei Wochen, dann geht das wieder vorbei."

Die Ärzte machen in den ersten ein, zwei Monaten nach der Landung noch Experimente mit den Astronauten. Die sind nämlich gleichzeitig auch ein bisschen „Versuchskaninchen". Denn die Mediziner wollen erforschen, wie sich der Mensch wieder an die Schwerkraft anpasst. Deshalb führen sie Tests durch, sowohl in der Raumstation als auch auf der Erde. Klar, dass die Ärzte neugierig sind: Es ist ja selten genug, dass ein Raumfahrer ins All startet! Deswegen begleiten sie die Rückkehr der Astronauten noch eine ganze Weile.

Das von der ESA entwickelte Columbus-Modul soll 2008 an die ISS angedockt werden.

Was bringt die Zukunft?

Die Entwicklung der Raumfahrt wird ganz bestimmt nicht stehen bleiben. Die Forscher haben schon viele und genaue Pläne entwickelt, was die kommenden Jahre und Jahrzehnte in der Raumfahrt passieren soll. Diese Programme werden sehr weit in die Zukunft geplant, weil es manchmal mehr als zehn Jahre dauern kann, bis eine „Mission" wirklich losgeht. Die Amerikaner haben sich zum Beispiel vorgenommen, irgendwann Astronauten auf den Planeten Mars zu schicken. Doch der ist immerhin rund 400 Millionen Kilometer von der Erde entfernt! Es wird deshalb mindestens sechs Monate dauern, bis die Raumfahrer dort überhaupt ankommen. Und noch kann man keine Raumschiffe bauen, die über so viel Treibstoff oder Energie verfügen, um über einen so langen Zeitraum ohne Pause fliegen zu können, und die genug Platz haben, dass darin Astronauten so lange leben könnten. Deshalb wollen die Amerikaner als Nächstes wieder zum Mond fliegen.

Ziemlich langweilig, da waren sie doch schon, könnte man denken. Aber nun ist alles anders: Sie wollen auf den Mond, um eine bemannte Mars-Mission von dort aus vorzubereiten! Der Start ist etwa für die Jahre 2011 bis 2014 geplant.

Aber zunächst müssen erst mal genaue Landkarten vom Mond gezeichnet und der Boden untersucht werden. Die Menschen müssen ja herausfinden, wo der beste Platz für den Bau der Station sein könnte. In der sollen dann vier Astronauten ein halbes Jahr wohnen können. Hier sollen sie sich auf den Marsflug vorbereiten, neue Technik ausprobieren und Forschungen betreiben, die für die Reise zum Mars wichtig sind.

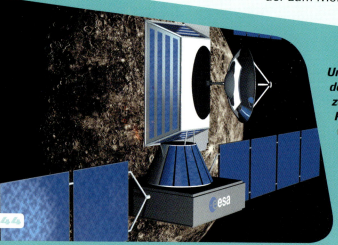

Um 2012 soll die Raumsonde mit dem lustigen Namen „BepiColombo" zum Planeten Merkur starten. Dieser Planet ist deshalb so interessant, weil er der Sonne am nächsten liegt. Geplante Flugzeit von der Erde zum Merkur: rund ein Jahr!

Das wird ganz schön spannend!

Die Europäer, also die ESA, haben auch einiges vor. Das Weltraumteleskop Herschel soll ins All geschossen werden. 2011 soll die Mission GAIA starten, um alle Sterne unserer Milchstraße zu vermessen und auf einer Art Landkarte aufzuzeichnen. Bis zum Jahr 2010 soll zudem die europäische Raumstation ISS noch viel größer werden. Die europäischen Wissenschaftler haben zum Beispiel ein neues Modul für die Forschung entwickelt, das „Columbus" heißt. Es soll voraussichtlich 2008 mit einer Rakete zur ISS geschossen und dort fest angedockt werden.

Und irgendwann wird wohl der große Tag kommen, wo wir wieder alle gebannt vor dem Fernseher sitzen. Ein Astronaut wird aus einer Raumfähre klettern und als erster Mensch den Boden des Mars betreten. Da will ich unbedingt dabei sein!

Und, wer weiß, vielleicht sagt er ja dieselben Worte wie Neil Armstrong 1969 auf dem Mond: „Ein kleiner Schritt für mich, ein großer für die Menschheit."

Es wird ein Riesenschritt sein.

> Eines der spannendsten Zukunftsprojekte planen die Amerikaner: Sie wollen wieder auf den Mond, um dort eine bemannte Mars-Mission vorzubereiten! Der Start ist etwa für 2011 bis 2014 geplant. Die NASA will eine komplette Raumstation auf der Mondoberfläche aufbauen, also einen Außenposten der Menschheit.